LIBRO UNO

HAL LEONARD
MÉTODO DE TAB PARA
GUITARRA

Escrito por Jeff Schroedl

Editores colaboradores: Jeff Arnold, Kurt Plahna y Jim Schustedt

ISBN 978-1-4803-1257-9

7777 W. Bluemound Rd. P.O. Box 13819 Milwaukee, WI 53213

Visite Hal Leonard en línea en
www.halleonard.com

PRIMEROS PASOS

PARTES DE LA GUITARRA

Este método está diseñado para las guitarras eléctricas o acústicas. Las dos se afinan del mismo modo, contienen las mismas notas y, en su mayoría, tienen las mismas partes. La diferencia principal radica en que las guitarras acústicas tienen una boca y el sonido que emiten es lo suficientemente alto como para tocarlas sin amplificación, mientras que las guitarras eléctricas se conectan a un amplificador.

Clavijas

Cejilla

Clavijero

6.ª cuerda: Mi (E)

5.ª cuerda: La (A)

4.ª cuerda: Re (D)

Traste

3.ª cuerda: Sol (G)

2.ª cuerda: Si (B)

1.ª cuerda: Mi (E)

Mástil y diapasón con trastes

Cuerpo

Marcadores de posición

Pastillas

Golpeador

Puente

Palanca de vibrato

Selector de pastilla

Control de volumen

Boca

Controles de tono

Enganche

Conexión de salida

AFINACIÓN

La manera más rápida y precisa de afinar una guitarra consiste en utilizar un afinador electrónico. Puedes conectar tu guitarra al afinador o utilizar el micrófono incorporado del afinador para afinar una guitarra acústica.

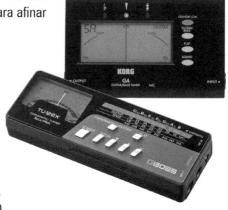

Las seis cuerdas abiertas de la guitarra se deben afinar en los siguientes tonos:

Mi (la más gruesa)–La–Re–Sol–Si–Mi (la más fina)

Si giras la clavija de una cuerda en sentido horario, el tono será más grave; si giras la clavija en sentido antihorario, el tono será más agudo.

Ajusta las clavijas hasta que el medidor del afinador electrónico indique que el tono es el adecuado. O bien, escucha el tono adecuado de cada cuerda en la pista 1 del CD y, lentamente, gira la clavija hasta que el sonido de la cuerda coincida con el sonido del CD.

CÓMO SOSTENER LA GUITARRA

Las siguientes imágenes te ayudarán a encontrar una posición cómoda para tocar la guitarra. Aunque decidas sentarte o permanecer parado, es importante que estés relajado y libre de tensiones.

POSICIÓN DE LA MANO IZQUIERDA

Los dedos se enumeran del 1 al 4. Arquea los dedos y presiona las cuerdas firmemente entre los trastes solo con la yema de los dedos.

Coloca el pulgar en la parte posterior del mástil de la guitarra. Evita que la palma de la mano toque el mástil de la guitarra.

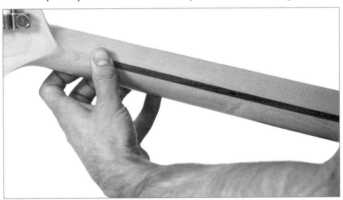

POSICIÓN DE LA MANO DERECHA

Sostén la púa con el pulgar y el índice. Toca la cuerda con un movimiento descendente aproximadamente en el punto medio entre el puente y el mástil.

Los dedos que no sostienen la púa pueden colocarse en la guitarra como apoyo adicional.

LA CUERDA MI BAJA

La música de guitarra se escribe en una forma de notación denominada **tablatura** o, simplemente, **tab**. Cada línea representa una cuerda y cada número representa un traste. La cuerda más gruesa que se toca al aire, o que no se presiona, es la nota Mi baja. En una tablatura, una cuerda abierta se representa con un cero (0). La nota Fa se ubica en el primer traste. Presiona o "trastea" la cuerda con el primer dedo, directamente detrás del primer traste de metal.

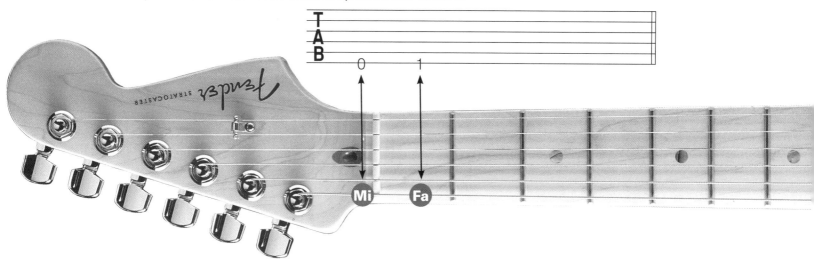

Toca el tema musical de la película *Jaws* usando las notas Mi y Fa. Golpea la cuerda con un rasgueo hacia abajo de la púa. Aumenta la velocidad a medida que los números se acercan.

TEMA MUSICAL DE "JAWS" 🔊2))

Aprendamos más notas en la cuerda Mi baja.

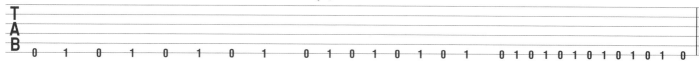

Dos maneras de escribir la misma nota

GREEN ONIONS 🔊3))

"Green Onions" de Booker T. & the MG's usa las notas Mi, Sol y La. Sigue la tablatura y toca las notas a una velocidad o **tempo constantes**.

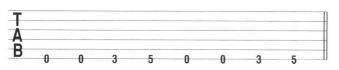

PETER GUNN 🔊4))

Un **riff** es una frase compuesta y breve que se repite. El riff popular de "Peter Gunn" se toca con notas de la cuerda Mi baja.

Barra de repetición
(vuelve a tocar) ↘

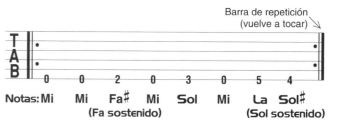

Notas: Mi   Mi   Fa♯   Mi   Sol   Mi   La   Sol♯
              (Fa sostenido)   (Sol sostenido)

LA CUERDA LA

Estas son las notas que se encuentran en los primeros cinco trastes de la 5.ª cuerda, denominada la cuerda La.

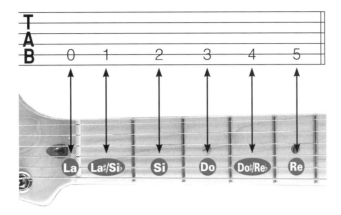

BRIT ROCK 🔊 5))

Este riff pegadizo usa las notas La, Si y Do.

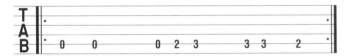

LEAN ON ME 🔊 6))

Esta canción fue número uno durante dos décadas.
Utiliza las notas La, Si, Do# y Re.

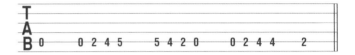

TABLATURA RÍTMICA

La **tablatura rítmica** agrega valores rítmicos al pentagrama básico. Las **barras de compás** dividen la música en **compases**. Una **marca de tiempo** indica cuántos tiempos hay en cada compás y qué tipo de nota se cuenta como un tiempo. En un tiempo de 4/4 ("cuatro cuartos"), hay cuatro tiempos en cada compás y una **negra** se cuenta como un tiempo. Tiene una plica vertical unida al número de tablatura.

FEEL THE BEAT 🔊 7))

Cuenta "1, 2, 3, 4" mientras tocas la guitarra.

Plica de negra

Marca de tiempo

Barra de compás

WORKING MAN 🔊 8))

Este riff clásico de la banda Rush emplea negras en las cuerdas 5 y 6.

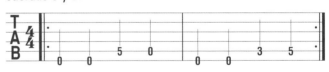

ZEPPELIN TRIBUTE 🔊 9))

Apoya firmemente la palma de la mano que tiene la púa en el puente de la guitarra para lograr precisión en el uso de la púa.

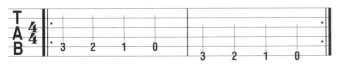

BLUES RIFF 🔊 10))

Usa el tercer dedo de la mano del traste para tocar las notas del cuarto traste, el primer dedo para tocar las notas del segundo traste y el cuarto dedo (meñique) para tocar las notas del quinto traste.

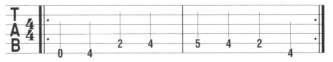

MÁS RIFFS

Los siguientes dos riffs están escritos en un **tiempo de 3/4**. Esto significa que hay tres tiempos en cada compás y cada negra equivale a un tiempo.

MY NAME IS JONAS

Cuenta "1–2–3, 1–2–3" mientras tocas este riff de la banda Weezer.

MALAGUEÑA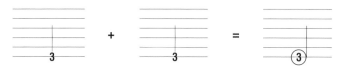

Esta pieza tradicional en español es muy conocida entre los guitarristas clásicos.

Una **blanca** dura dos tiempos. Equivale a dos negras. En la tablatura, un círculo rodea el o los números de la tablatura y está unido a una plica vertical.

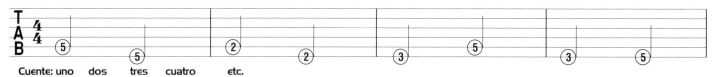

CANON IN D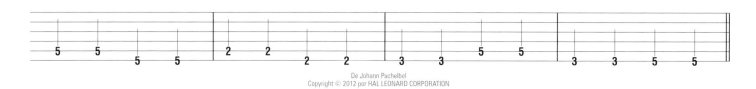

La primera línea se toca con blancas y la segunda línea se toca con negras. Cuenta en voz alta y mantén un tempo constante.

ELECTRIC FUNERAL

La banda de heavy metal Black Sabbath usa blancas y negras en este riff estremecedor y potente.

COOL GROOVE

Ahora, intenta tocar las blancas en un tiempo de 3/4.

Una **corchea** dura medio tiempo o la mitad de lo que dura una negra. La corchea se representa con una plica y una bandera, y las corcheas consecutivas se conectan con una barra.

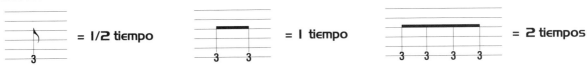

LADY MADONNA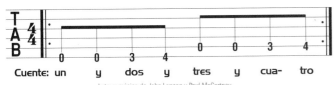

Mientras tocas este clásico de los Beatles, cuenta mencionando la letra "y" entre los tiempos.

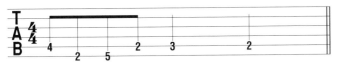

Cuente: un   y   dos   y   tres   y   cua-   tro

CRAZY TRAIN

Randy Rhoads tocó el estimulante riff de guitarra con corcheas de esta canción inmortal de Ozzy Osbourne.

Cuente: un   y   dos, y así sucesivamente

AQUALUNG 18

Mezclemos corcheas y negras en esta famosa canción de Jethro Tull.

GREEN-EYED LADY 19

Experimenta y descubre qué dedos funcionan mejor para este riff clásico de Sugarloaf. Asegúrate de usar la yema de los dedos; no toques "con los dedos planos".

Un **silencio** es un símbolo que se utiliza para indicar silencio en la música. En un tiempo de 4/4, un **silencio de negra** equivale un tiempo y un **silencio de blanca** equivale a dos tiempos.

Silencio de negra
Un tiempo

Silencio de blanca
Dos tiempos

25 OR 6 TO 4 20

Este riff de la banda Chicago incluye un silencio de negra. Silencia la cuerda tocándola suavemente con la palma de la mano que tiene la púa. También puedes liberar la presión de la mano del traste para silenciar la cuerda.

Cuente: un   y   dos   y   tres (cuatro)

BRAIN STEW 21

La banda Green Day usó un patrón descendente similar en esta exitosa canción, que tiene silencios de blanca y de negra.

Cuente: un   y   (dos)   (tres cuatro)

LA CUERDA RE

Estas son las notas que se encuentran en los primeros cinco trastes de la 4.ª cuerda, denominada la cuerda Re.

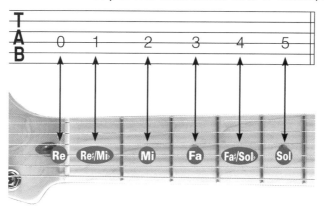

D-MENTED 🔊22))

Di los nombres de las notas en voz alta mientras tocas este siniestro riff.

MACHINE GUN 🔊23))

Jimi Hendrix lo utilizó como base para su canción del disco *Band of Gypsys*. El puntillo situado encima del tercer tiempo se denomina **staccato** (nota picada). Indica que debemos reducir la duración de la nota.

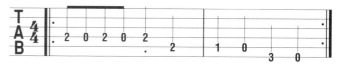

OH, PRETTY WOMAN 🔊24))

Este tema musical de Roy Orbison tiene uno de los riffs más conocidos de todos los tiempos.

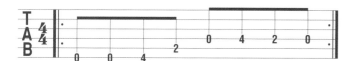

YOU GIVE LOVE A BAD NAME 🔊25))

Mientras tocas este riff de Bon Jovi, usa el costado o la base de la mano que tiene la púa para silenciar las cuerdas. Esta técnica se llama **sordina con la palma** (S.P.).

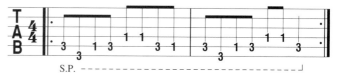

Una **ligadura** es una línea curva entrecortada que conecta dos notas del mismo tono. Indica que no se debe tocar la segunda nota. Se debe tocar y sostener la primera nota para alcanzar la duración de las dos notas.

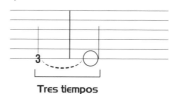

SPACE TRUCKIN' 🔊26))

Ahora, estás preparado para afrontar este estimulante riff de la banda Deep Purple.

MONEY (THAT'S WHAT I WANT) 🔊27))

Innumerables artistas, como Barrett Strong, Los Beatles, Buddy Guy y Waylon Jennings, grabaron "Money".

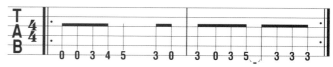

Un **silencio de corchea** indica que el silencio debe durar medio tiempo. El símbolo es el siguiente: ⅞

HAVA NAGILA

Comienza lentamente y usa el meñique para la nota ♯ Sol en el cuarto traste.

Cuente: un   dos   (tres)   y   cua-   tro

Letra de Moshe Nathanson
Música de Abraham Z. Idelsohn
Copyright © 2012 por HAL LEONARD CORPORATION

SUPER FREAK

Este éxito vibrante de Rick James incluye silencios de negra y de corchea.

Letra y música de Rick James y Alonzo Miller
© 1981 JOBETE MUSIC CO., INC. y STONE DIAMOND MUSIC CORP.
Todos los derechos controlados y administrados por EMI APRIL MUSIC INC. y EMI BLACKWOOD MUSIC INC.

JAMIE'S CRYIN'

Este riff de Van Halen emplea ligaduras y silencios de corchea.

Letra y música de David Lee Roth, Edward Van Halen, Alex Van Halen y Michael Anthony
Copyright © 1978 Diamond Dave Music, WB Music Corp. y Van Halen Music
Todos los derechos administrados por WB Music Corp.

DAY TRIPPER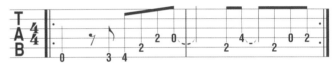

En este clásico de Los Beatles, podrás ejercitar las tres primeras cuerdas.

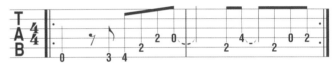

Letra y música de John Lennon y Paul McCartney
Copyright © 1965 Sony/ATV Music Publishing LLC
Derechos de autor renovados
Todos los derechos administrados por Sony/ATV Music Publishing LLC, 8 Music Square West, Nashville, TN 37203

Los siguientes riffs comienzan con una **anacrusa**. Cuenta las anacrusas como si fueran la última parte de un compás completo.

YOU REALLY GOT ME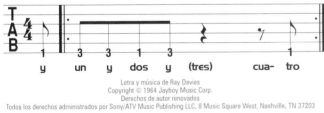

Van Halen incluyó esta canción de The Kinks en su primer disco.

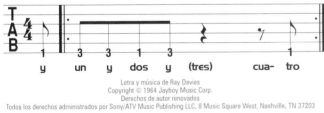

y   un   y   dos   y   (tres)   cua-   tro

Letra y música de Ray Davies
Copyright © 1964 Jayboy Music Corp.
Derechos de autor renovados
Todos los derechos administrados por Sony/ATV Music Publishing LLC, 8 Music Square West, Nashville, TN 37203

COME AS YOU ARE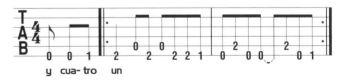

El riff de Nirvana comienza con el "y" del tercer tiempo.

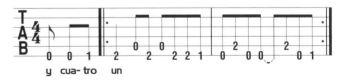

y   cua-tro   un

Letra y música de Kurt Cobain
© 1991 THE END OF MUSIC y PRIMARY WAVE TUNES
Todos los derechos controlados y administrados por EMI VIRGIN SONGS, INC.

MISSISSIPPI QUEEN

Una línea ondulada sobre una nota indica que se debe realizar un **vibrato**, una técnica que consiste en mover la cuerda ligeramente hacia arriba y abajo mientras una nota está sonando.

Letra y música de Leslie West, Felix Pappalardi, Corky Laing y David Rea
Copyright © 1970 por Universal Music - MGB Songs
Derechos de autor renovados

FEEL YOUR LOVE TONIGHT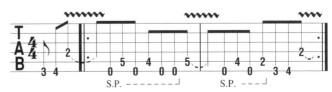

Este es otro riff de Van Halen. Usa sordina con la palma y vibrato.

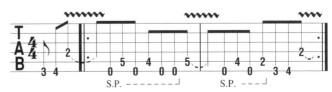

S.P. - - - - - - -   S.P. - - - -

Letra y música de David Lee Roth, Edward Van Halen, Alex Van Halen y Michael Anthony
Copyright © 1978 Diamond Dave Music, WB Music Corp. y Van Halen Music
Todos los derechos administrados por WB Music Corp.

WIPE OUT 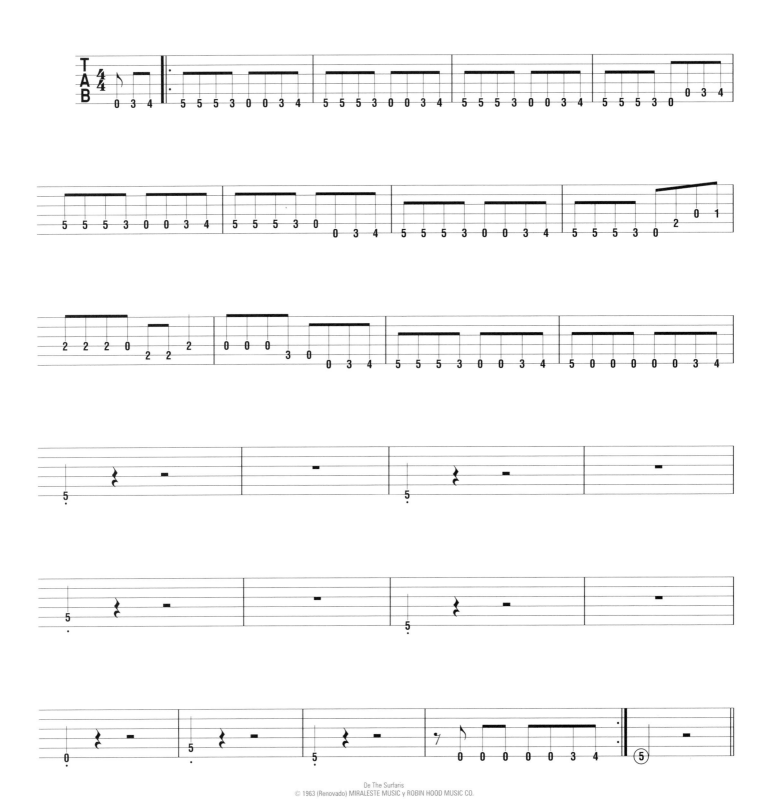 36

Es momento de que toques tu primera canción completa. "Wipe Out" es uno de los éxitos instrumentales más conocidos de la historia. Originalmente, fue grabada por Surfaris en 1963 y, desde entonces, numerosos grupos, como The Ventures y The Beach Boys, la incluyeron en sus repertorios.

Durante el famoso solo de batería en la segunda mitad de la canción, notarás un **silencio de redonda**. Indica un compás completo de silencio y se representa de la siguiente manera: ▬▬

ACORDES DE PODER

El sistema de notación musical anglosajón es un tipo de notación musical alfabético; también se llama cifrado inglés o cifrado americano. El modo de representar las notas musicales con las letras del alfabéto se remonta a la antigua teoría griega. En la mayoría de libros y partituras publicados hoy, se encuentra los acordes representados en este estilo alfabético. En preparación de la notación más común, vamos a aprender los nombres de los acordes usando cifrado americano. Actualmente, las notas del cifrado americano se correspondan así:

Do	Re	Mi	Fa	Sol	La	Si	Do
C	D	E	F	G	A	B	C

Un **acorde de poder** está formado por dos notas que se tocan juntas. Los guitarristas de rock usan los acordes de poder para crear un sonido potente y grave.

La nota grave de un acorde de poder se denomina la **nota raíz**. Es la nota por la cual se designa el acorde. El nombre del acorde de poder también incluye el sufijo "5".

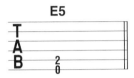

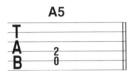

METALLIC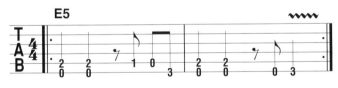

Golpea las dos notas del acorde de poder al mismo tiempo con un solo golpe descendente.

JACK HAMMER

Recuerda detener los acordes cuando veas silencios o puntillos que indiquen staccato.

T.N.T.

La banda australiana de rock pesado AC/DC emplea acordes de poder en muchas canciones, entre ellas, el riff clásico de "T.N.T.".

ACORDES DE PODER DESPLAZABLES

Los acordes de poder se pueden tocar arriba o abajo de las cuerdas inferiores del mástil con una digitación sencilla. Usa el primer y el tercer dedo, tal como se muestra a continuación.

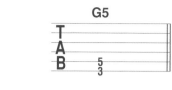

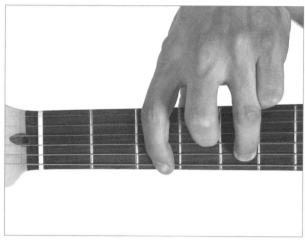

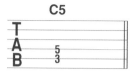

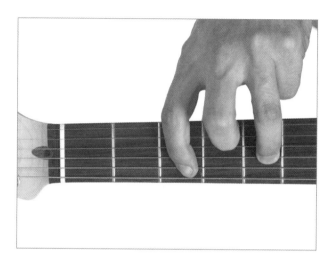

El nombre de un acorde de poder proviene de su nota raíz o del lugar del mástil donde se ubica el primer dedo. A continuación, se presenta un diagrama de las notas que aprendimos hasta el momento y que se ubican en los primeros cinco trastes de las cuerdas 5 y 6, y los acordes de poder que se pueden tocar a partir de cada nota raíz.

NOTA RAÍZ EN LA 6.ª CUERDA

NOTA RAÍZ EN LA 5.ª CUERDA

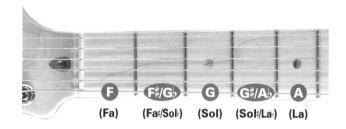

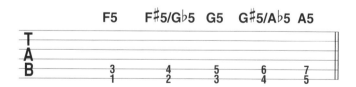

ALL ALONG THE WATCHTOWER 🔊40)))

Bob Dylan, Jimi Hendrix y otros cantantes grabaron esta canción. La nota raíz de los tres acordes de poder se encuentra en la 6.ª cuerda.

MEGA-HEAVY 🔊41)))

Este riff se toca en la cuerda Mi baja entre los golpes del acorde de poder.

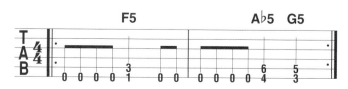

SMELLS LIKE TEEN SPIRIT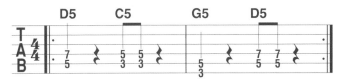

Este éxito de Nirvana incluye acordes de poder con raíces en la quinta y la sexta cuerda.

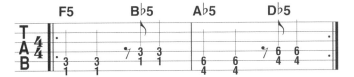

I CAN'T EXPLAIN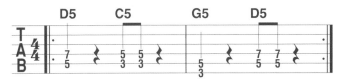

El guitarrista Pete Townshend de la banda The Who usó acordes de poder en muchas canciones, como "I Can't Explain".

Cuando un **puntillo** aparece después de una nota, se debe ampliar la nota la mitad de su valor. Una **blanca con puntillo** dura tres tiempos.

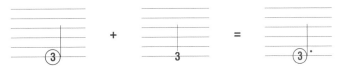

Una **redonda** dura el doble que una blanca; es decir, cuatro tiempos. Una redonda se representa con un círculo sin plica.

BABA O'RILEY

Ahora, combinemos acordes de poder desplazables y abiertos para tocar otro clásico del rock de la banda The Who.

Cuente: uno dos tres cuatro uno dos tres cuatro

OWNER OF A LONELY HEART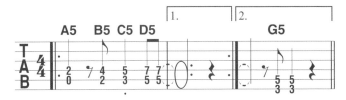

Este riff de la banda Yes tiene **llaves finales**. La primera vez, toca el primer final y repite normalmente. La segunda vez, omite el primer final y toca el segundo final.

JAILBREAK

A menudo, los acordes de poder se combinan con notas solas. Intenta tocar este riff que popularizó la banda Thin Lizzy.

REFUGEE

"Refugee" de Tom Petty también combina perfectamente acordes de poder y notas solas.

TEMA MUSICAL DE BATMAN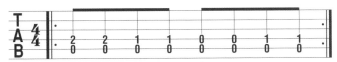

Este es un riff sencillo y divertido que constituye una variación del acorde de poder A5 abierto.

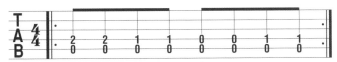

CHICAGO BLUES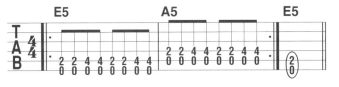

Por lo general, los guitarristas de blues mejoran los acordes de poder simples de manera similar a esta figura rítmica.

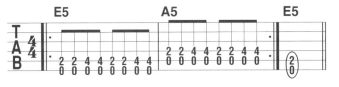

WILD THING 🔊 50))

"Wild Thing" es uno de los temas más perdurables del rock. Originalmente, fue un éxito de The Troggs que permaneció en el primer puesto en 1966 y, desde ese momento, fue grabado por Jimi Hendrix, Sam Kinison y muchos otros artistas. La canción entera se puede tocar utilizando acordes de poder desplazables.

Introducción

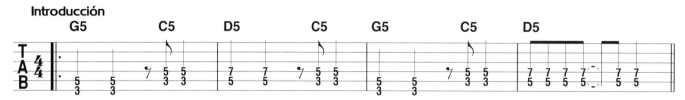

Coro

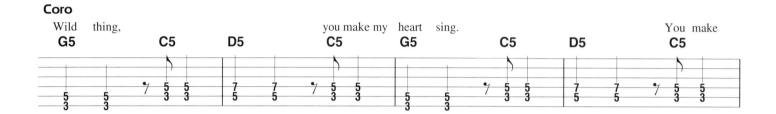

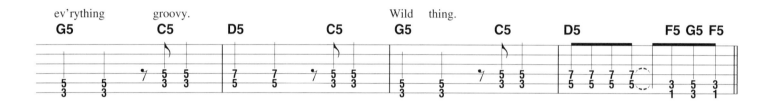

Estrofa

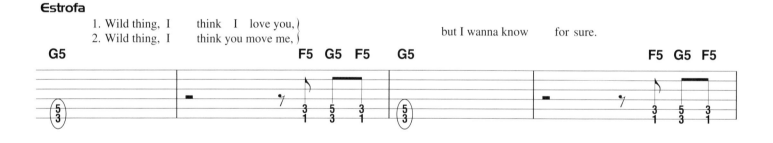

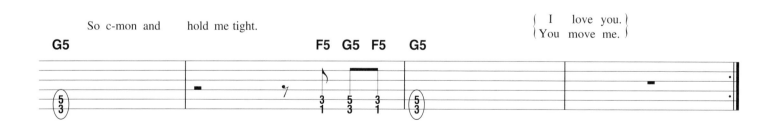

Final-Coro

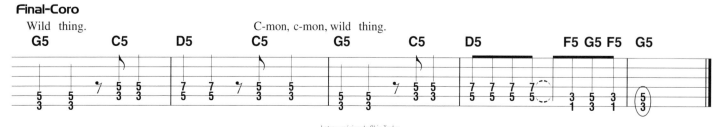

Letra y música de Chip Taylor
© 1965 (Renovado en 1993) EMI BLACKWOOD MUSIC INC.

REVISIÓN

Has llegado a la mitad de este libro y estás cada vez más cerca de tener un pasatiempo gratificante o una carrera exitosa con la guitarra. Tomemos unos minutos para revisar los conceptos que hemos aprendido hasta el momento.

NOMBRES DE LAS NOTAS

Une con una línea las notas de la izquierda con su nombre correspondiente a la derecha.

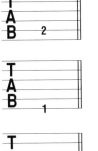   Do   (C)

   Si   (B)

   Sol   (G)

   Mi   (E)

   Fa   (F)

   La   (A)

   Re   (D)

SÍMBOLOS Y TÉRMINOS

Une con una línea cada símbolo de la izquierda con su nombre correspondiente a la derecha.

   Sordina con la palma

S.P.   Blanca

   Silencio de corchea

   Silencio de negra

A5   Corchea

   Barra de repetición

   Acorde de poder

Escriba los nombres de las notas en los espacios suministrados.

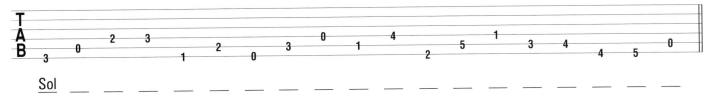

Sol __ __ __ __ __ __ __ __ __ __ __ __ __ __ __ __ __ __

Agregue las barras de compás.

Los nombres de las notas están debajo de la tablatura. Escriba las notas en el tablatura.

Sol   La   Do   Mi   Re   Si   Fa   Fa   Re   Si♭   Fa♯   Mi♭   Sol♯   Mi   Sol   Do♯   La
(abiertas)   (graves)(5.a cuerda)   (graves)(4.a cuerda)(abiertas)   (graves)   (4.a cuerda)(4.a cuerda)   (6.a cuerda)

LA CUERDA SOL

Estas son las notas que se encuentran en los primeros cinco trastes de la 3.ª cuerda, denominada la cuerda Sol.

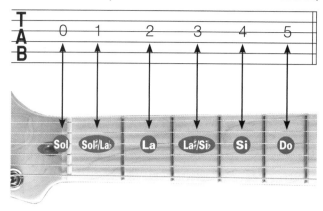

NORWEGIAN WOOD (THIS BIRD HAS FLOWN)

Esta canción de los Beatles con influencia india, escrita en un tiempo de 3/4, fue el primer tema de rock que incluyó un sitar en una grabación.

DON'T FEAR THE REAPER

En algunas canciones, como este clásico de Blue Öyster Cult que incorpora sonidos del cencerro, es común encontrar la instrucción "**dejar sonar.**" En lugar de sacar los dedos después de tocar cada nota, presiónalas para que continúen sonando.

dejar sonar de principio a fin

LA BAMBA

Esta canción fue grabada por Ritchie Valens, Los Lobos y muchos otros artistas. Incluye las notas de las cuatro cuerdas que aprendimos hasta el momento. Usa el segundo dedo para presionar las notas en el segundo traste y el tercer dedo en el tercer traste.

SMOKE ON THE WATER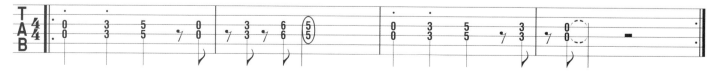

"Smoke on the Water" de Deep Purple es uno de los mayores riffs de rock de todos los tiempos. Toque los acordes de dos notas o **duetos** con rasgueos hacia abajo. Como no hemos aprendido las notas que se encuentran por encima del quinto traste, usa el tercer dedo para presionar las notas en el sexto traste.

PIPELINE 55))

"Pipeline" es una clásica pieza instrumental de guitarra. La versión original fue un éxito de surf-rock de los Chantays en 1963 y, desde entonces, fue grabada por The Ventures, Dick Dale y Stevie Ray Vaughan, entre otros. Emplea notas solas en las cuatro cuerdas inferiores y algunos acordes de poder. En la sección A, "trastea" la nota B (quinta cuerda, segundo traste) durante los cuatros compases completos.

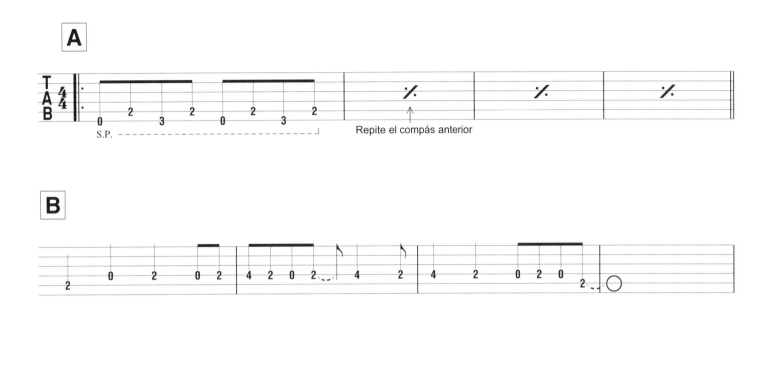

Repite el compás anterior

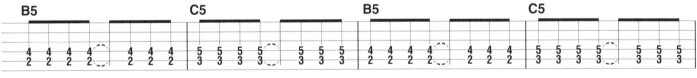

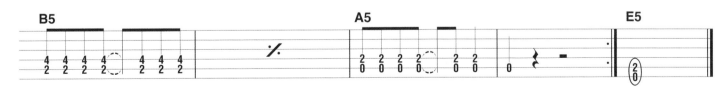

LA CUERDA SI

Estas son las notas que se encuentran en los primeros cinco trastes de la 2.ª cuerda, denominada la cuerda Si.

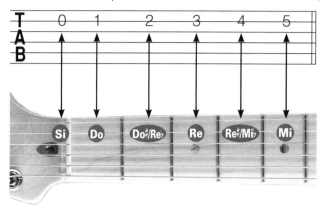

DUELIN' BANJOS

Este tema musical de bluegrass apareció en la película *Deliverance*.

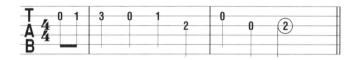

SUSIE-Q

Creedence Clearwater Revival incluyó una versión de la canción de Dale Hawkins en su primer álbum.

leve S.P. de principio a fin

FÜR ELISE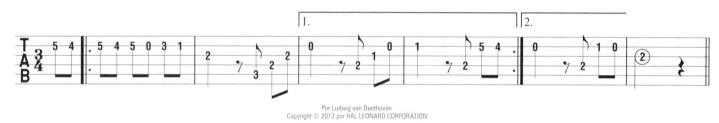

Esta composición fácil de reconocer escrita en un tiempo de 3/4 es verdaderamente un clásico. La escribió Beethoven en el año 1810.

WALK DON'T RUN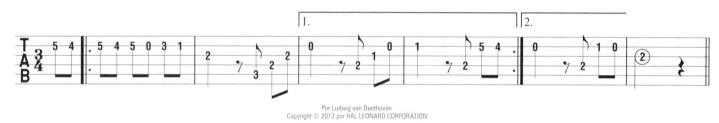

The Ventures, Chet Atkins y otros artistas grabaron esta canción instrumental conocida.

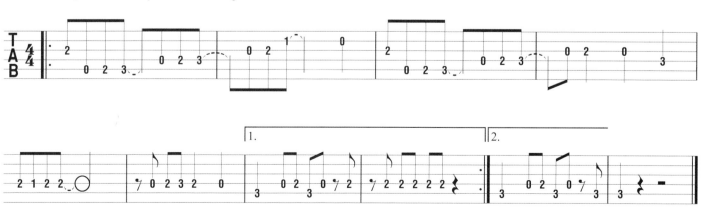

LA CUERDA MI ALTA

Estas son las notas que se encuentran en los primeros cinco trastes de la 1.ª cuerda, denominada la cuerda Mi.

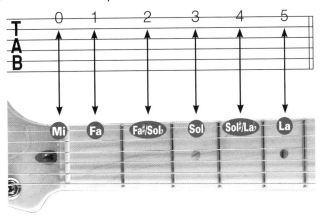

IN MY LIFE

El riff de apertura de esta canción de los Beatles emplea notas ubicadas en las dos cuerdas superiores. Las digitaciones de la mano del traste se indican debajo de la tablatura.

TICKET TO RIDE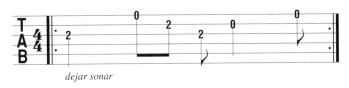

Este es otro clásico de Los Beatles. Mantén el primer dedo en la primera nota y deja que las cuerdas suenen de principio a fin.

dejar sonar

REBEL, REBEL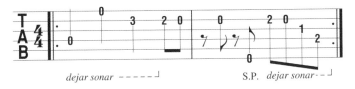

Para tocar este riff de David Bowie, sigue las indicaciones de "dejar sonar" y asegúrate de silenciar con la palma la nota Mi baja en el segundo compás.

dejar sonar ----- ⌐   S.P. *dejar sonar* -- ⌐

SUNDAY BLOODY SUNDAY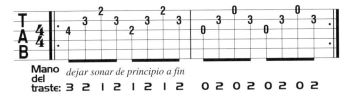

Ahora, toca este riff de la banda U2 y presta mucha atención a las digitaciones debajo de la tablatura. Mantenga las notas sin presionar para que suenen y coloque el primer dedo en las primeras tres cuerdas del segundo traste durante la última mitad del compás 1.

Mano del traste: *dejar sonar de principio a fin*
3 2 I 2 I 2 I 2   0 2 0 2 0 2 0 2

FOXEY LADY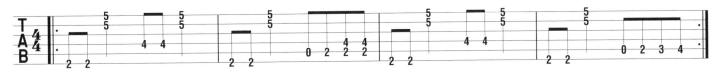

Este es uno de los riffs emblemáticos de Jimi Hendrix. Coloca el dedo meñique en las dos primeras cuerdas para tocar las notas en el quinto traste.

TEMA MUSICAL DE JAMES BOND

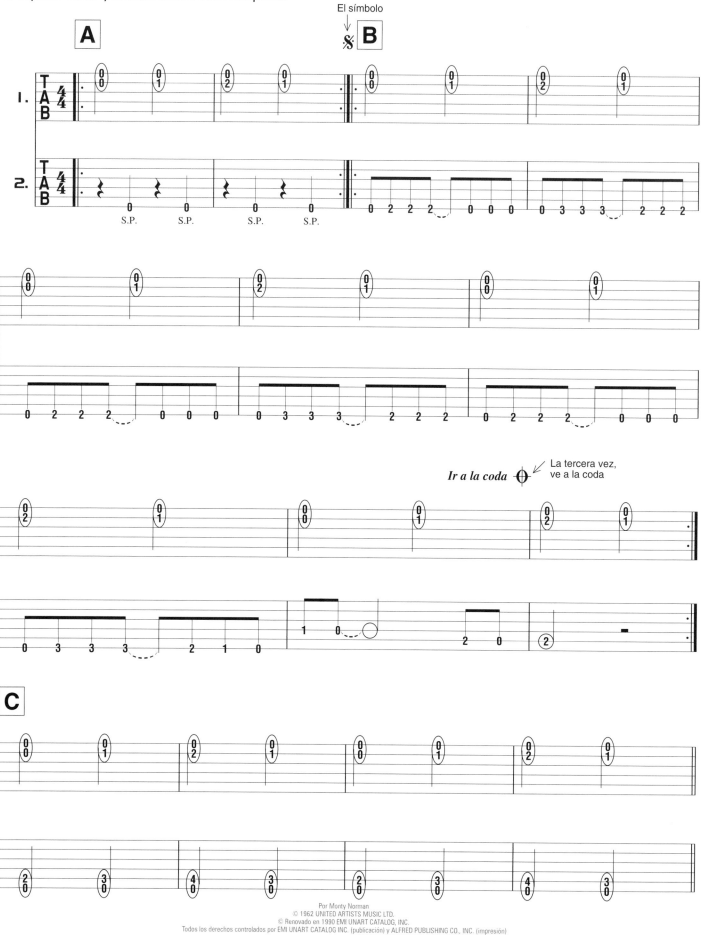

El tema principal de las películas de James Bond es potente, misterioso y fácilmente reconocible. Contiene notas en las seis cuerdas. A continuación, se presenta un arreglo para que se toque con dos guitarras. ¡Escoge una parte y toca!

Una vez que hayas llegado al final de la sección E, encontrarás las instrucciones "D.S. a la coda (no repetir)". Vuelve al símbolo (%) en la letra B y toca hasta llegar a la instrucción "Ir a la coda". Ahora, ve hasta la última línea de la melodía donde aparece la inscripción "Coda" y toca los últimos cinco compases.

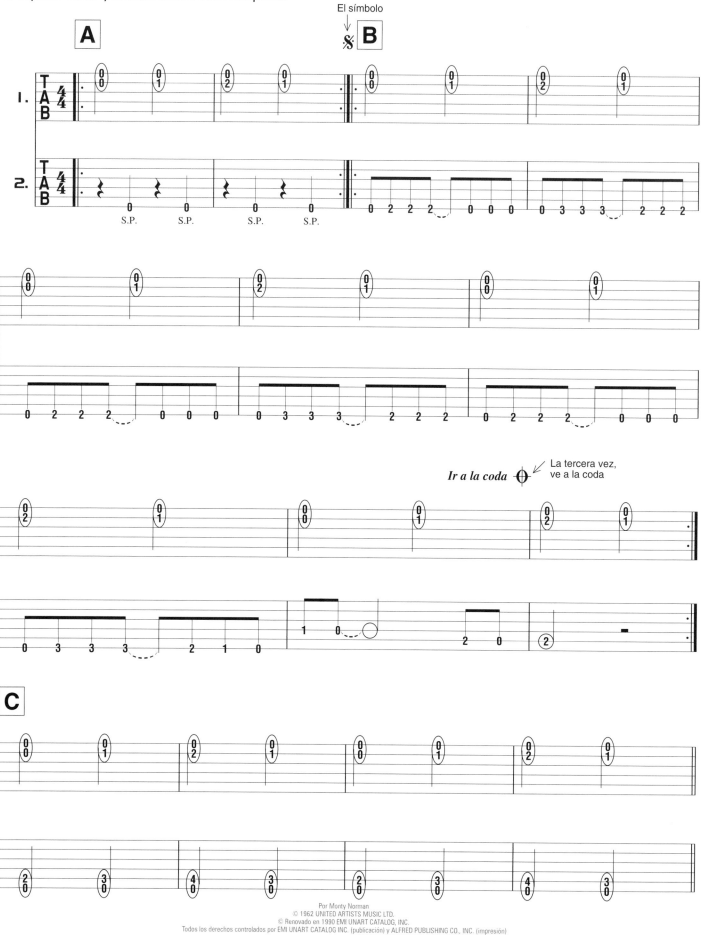

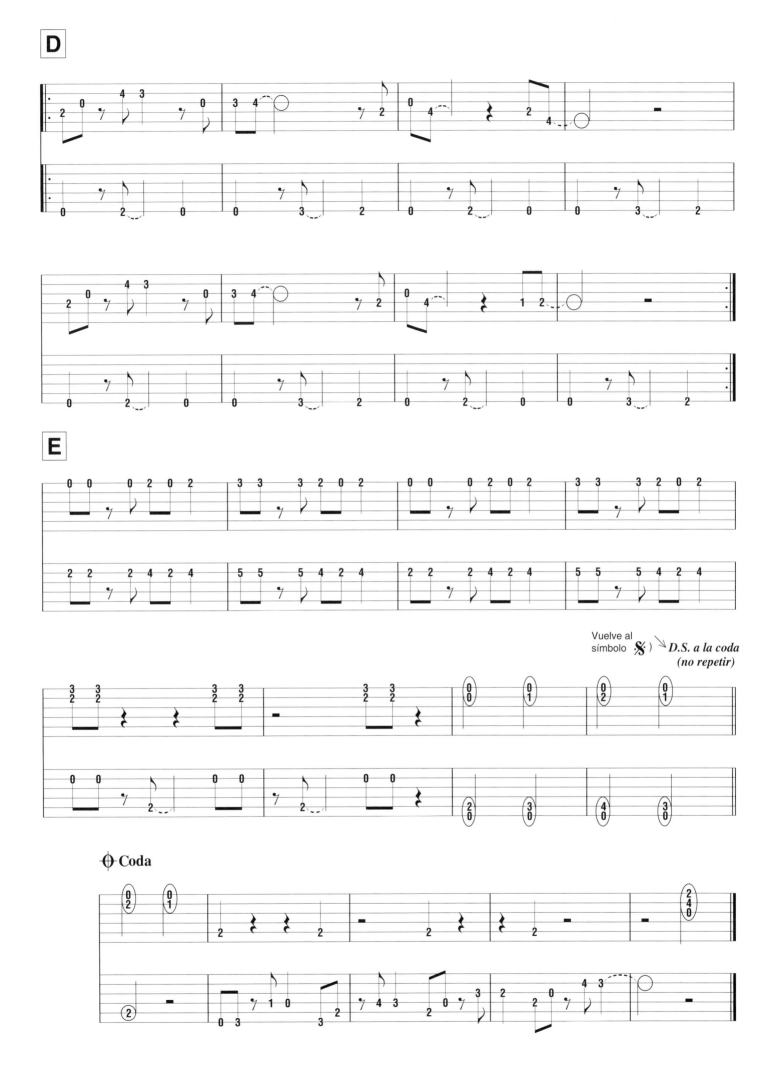

ACORDES ABIERTOS

Los acordes que contienen cuerdas abiertas se denominan acordes de posición abierta o, simplemente, **acordes abiertos**. Se emplean como acompañamiento o en las **guitarras rítmicas** y, por lo general, incorporan cuatro, cinco o seis cuerdas.

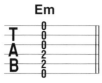

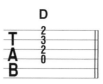

GET UP STAND UP 🔊 68

El acto de tocar acordes según un patrón rítmico se denomina **rasgueo**. Rasguea el acorde Em de arriba hacia abajo para tocar una versión básica de esta canción de Bob Marley.

1. Get up,   stand up.   Stand up   for   your right.
2. Get up,   stand up.   Don't   give up   the fight.

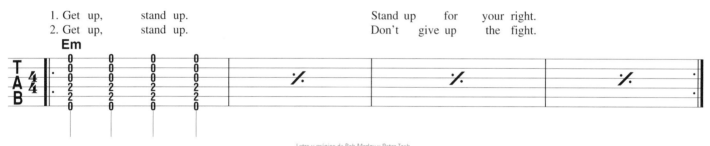

Letra y música de Bob Marley y Peter Tosh
Copyright © 1974 Fifty-Six Hope Road Music Ltd., Odnil Music Ltd., State One Music America LLC y Embassy Music Corporation
Derechos de autor renovados
Todos los derechos en Norteamérica administrados por Blue Mountain Music Ltd./Irish Town Songs (ASCAP) y en el resto del mundo por Blue Mountain Music Ltd. (PRS)

LAND OF A THOUSAND DANCES 🔊 69

Ahora, intenta tocar el acorde D de este clásico de Wilson Pickett. Arquea los dedos y usa las yemas para evitar tocar las otras cuerdas.

Na,   na, na, na, na,   na, na, na, na,   na, na, na,   na, na,   na.

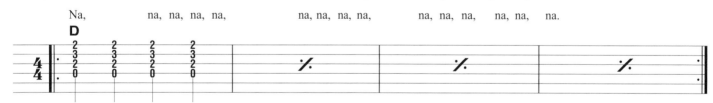

Letra y música de Chris Kenner
© 1963, 1970 (Renovado en 1991) EMI LONGITUDE MUSIC

HEART OF GOLD 🔊 70

Practiquemos el paso entre dos acordes con la introducción de uno de los más grandes éxitos de Neil Young.

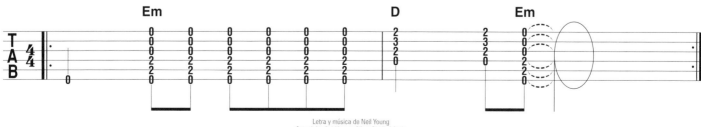

Letra y música de Neil Young
Copyright © 1971 por Silver Fiddle Music
Derechos de autor renovados

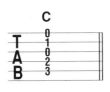

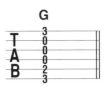

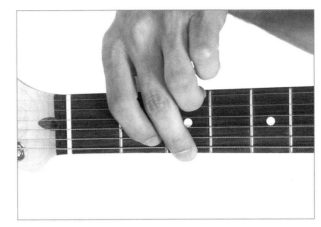

YELLOW SUBMARINE 71

Intenta mantener un rasgueo continuo mientras cambias de acordes con este tema siempre vigente de Los Beatles.

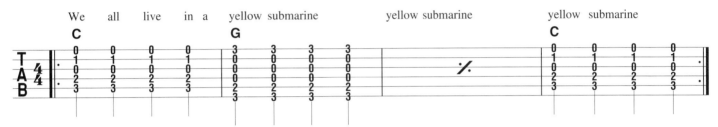

We all live in a yellow submarine   yellow submarine   yellow submarine

SPACE ODDITY 72

David Bowie usó los acordes C y Em al comienzo de las estrofas de este éxito.

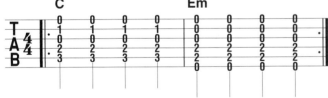

Ground control to Major Tom.

SHOULD I STAY OR SHOULD I GO 73

En la introducción de este clásico de The Clash, se emplean los acordes abiertos D y G.

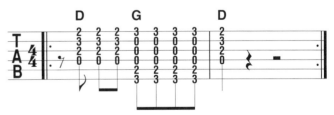

WONDERFUL TONIGHT 74

Para "Wonderful Tonight" de Eric Clapton, tratemos de tocar un nuevo patrón de rasgueo que utiliza golpes descendentes (⊓) y ascendentes (V).

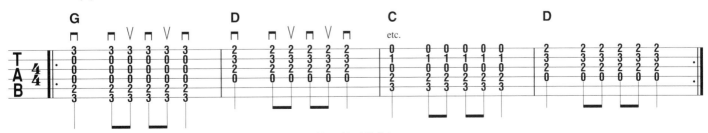

WILD NIGHT 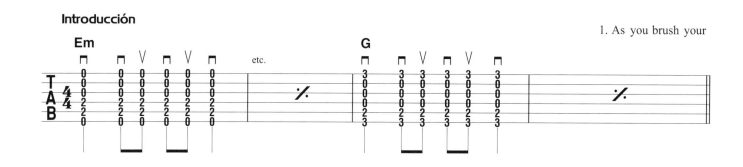 75))

"Wild Night" de Van Morrison es un clásico indiscutible del rock que fue interpretado por numerosos artistas. Emplea los cuatro acordes abiertos que presentamos hasta ahora. Toca los patrones de rasgueo escritos o crea tus propias variaciones.

Introducción

1. As you brush your

Estrofa

shoes,   and stand before   the mirror   and you comb
girls walk   by,   dressed up for   each other   and the   boys

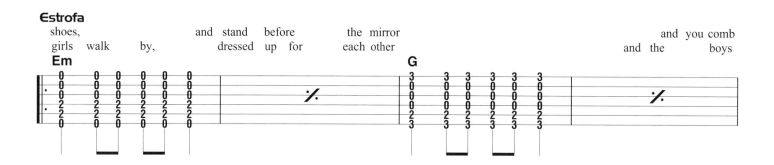

your hair,   and grab your coat and hat.   And you walk
do the boogie woogie   on the corner of the street.   And the

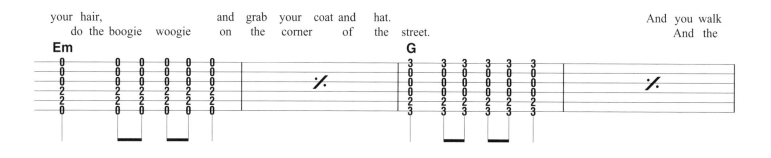

wet streets try - in' to re - mem - ber   all the wild
people   passin' by   just stare in wild wonder   and the

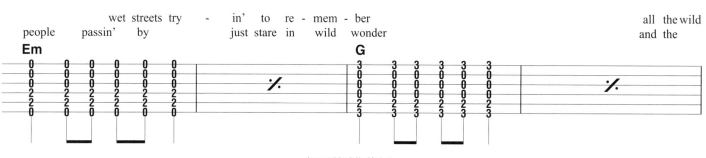

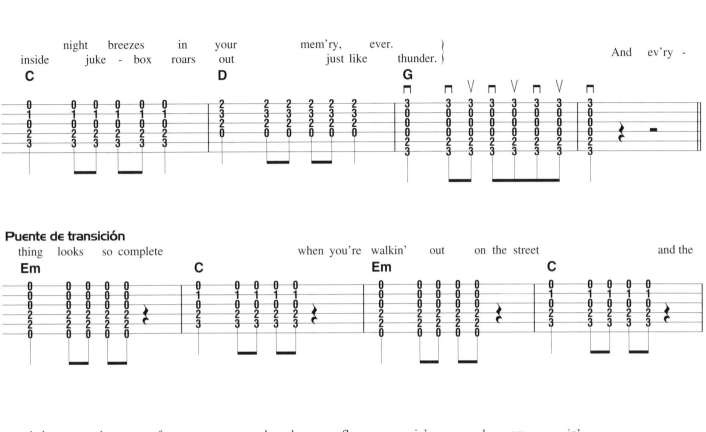

Puente de transición

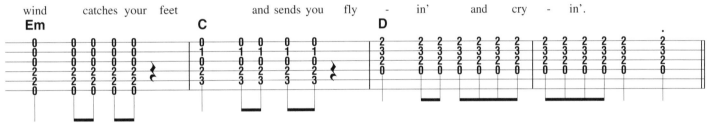

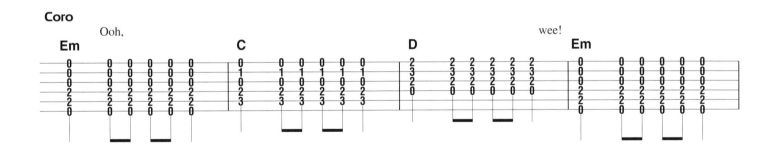

Coro

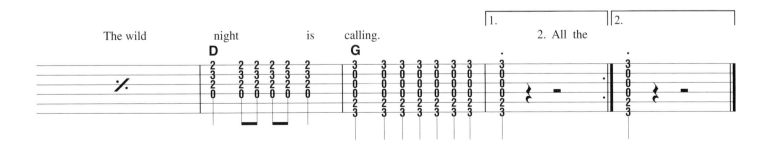

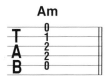

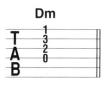

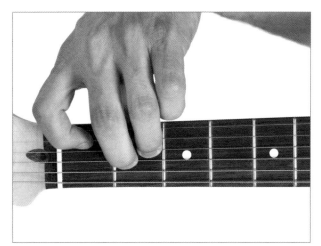

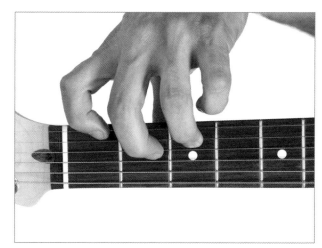

EVIL WAYS  76

Ejercitemos el acorde Am que acabamos de aprender con uno de los mayores éxitos de Santana. Escucha el audio como ayuda para seguir los ritmos. Durante los silencios, usa la palma de la mano que tiene la púa para silenciar las cuerdas.

LOUIE, LOUIE 77

"Louie, Louie" es un hito del rock and roll que fue grabado por cientos de artistas. Su riff de tres acordes se reconoce al instante.

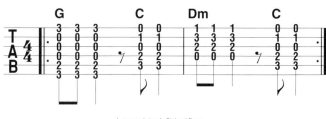

AIN'T NO SUNSHINE 78

El éxito de Bill Withers emplea los tres acordes menores que aprendimos hasta el momento. Además, incorpora dos notas solas simples.

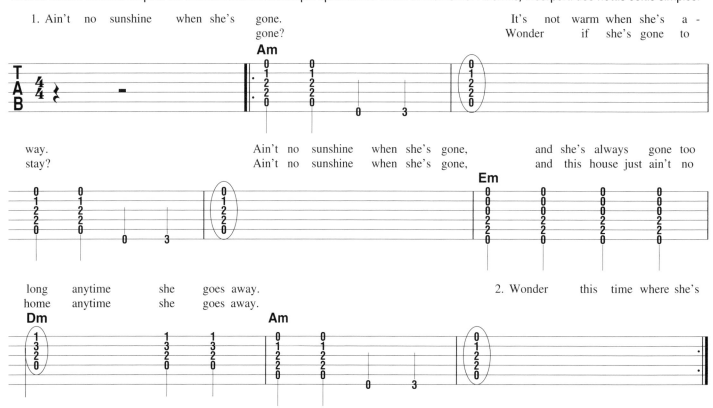

KNOCKIN' ON HEAVEN'S DOOR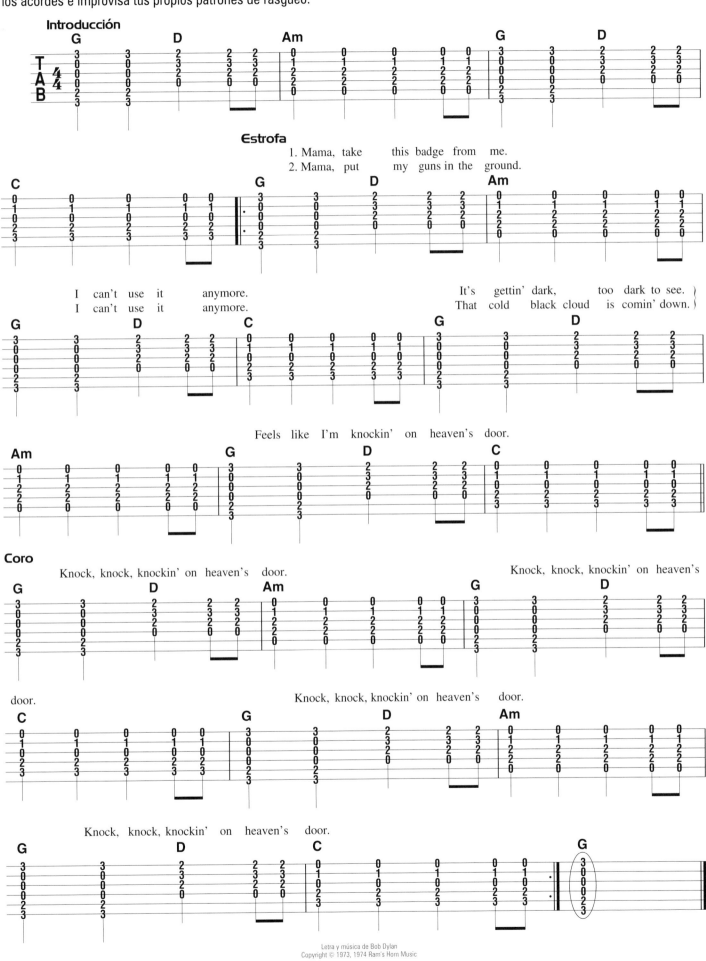

La eterna balada de Bob Dylan usa exclusivamente acordes abiertos. Sigue los ritmos de rasgueo marcados o lee los símbolos de los acordes e improvisa tus propios patrones de rasgueo.

Letra y música de Bob Dylan
Copyright © 1973, 1974 Ram's Horn Music

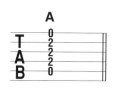

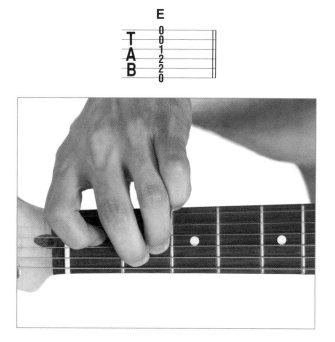

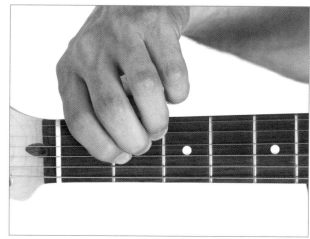

ABOUT A GIRL

En el caso de las canciones donde se cambia de acordes rápidamente, como este tema de Nirvana, se pueden quitar los dedos de un acorde antes para llegar al siguiente acorde a tiempo. Es común que algunas cuerdas abiertas se toquen en esta transición.

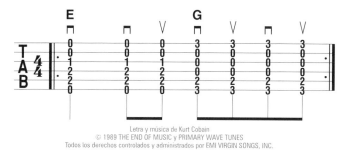

Letra y música de Kurt Cobain
© 1989 THE END OF MUSIC y PRIMARY WAVE TUNES
Todos los derechos controlados y administrados por EMI VIRGIN SONGS, INC.

R.O.C.K. IN THE U.S.A.

Cuando realices un rasgueo hacia arriba o hacia abajo, no te preocupes por tocar cada una de las cuerdas durante el golpe ascendente. Alcanza con tocar tres o cuatro notas de los acordes o las que suenen naturales.

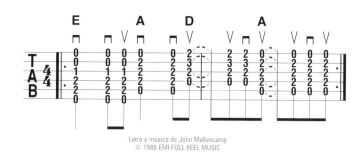

Letra y música de John Mellencamp
© 1986 EMI FULL KEEL MUSIC

BYE BYE LOVE

Otro modo de tocar una acorde A consiste en colocar el primer dedo en las primeras cuatro cuerdas del segundo traste. Muchos guitarristas de rock usan esta digitación y simplemente silencian u omiten la cuerda Mi (E) alta. Prueba y escoge qué versión de este éxito de Everly Brothers te parece más cómoda.

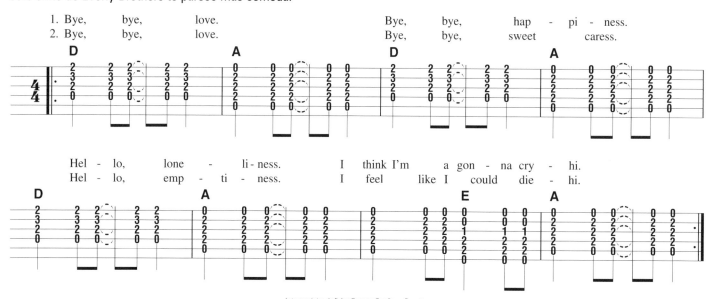

Letra y música de Felice Bryant y Boudleaux Bryant
Copyright © 1957 por HOUSE OF BRYANT PUBLICATIONS, Gatlinburg, TN
Derechos de autor renovados
Todos los derechos internacionales controlados por SONY/ATV MUSIC PUBLISHING LLC
Todos los derechos de SONY/ATV MUSIC PUBLISHING LLC Administrados por SONY/ATV MUSIC PUBLISHING LLC, 8 Music Square West, Nashville, TN 37203

PATIENCE 🔊(83))

Esta canción exitosa de Guns N' Roses utiliza cinco acordes abiertos.

Estrofa

1. Shed a tear 'cause I'm missin' you, I'm still alright to smile.
2. Was a time when I wasn't sure but you set my mind at ease.

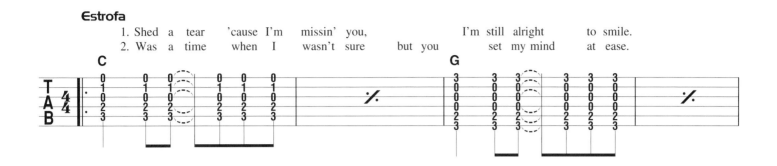

Girl, I think about you ev - 'ry day now.
There is no doubt you're in my heart now.

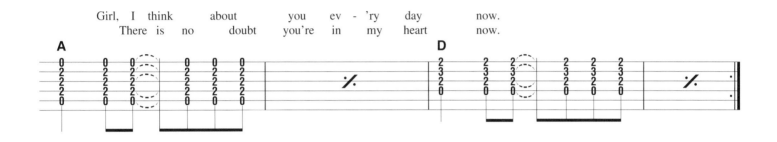

Coro

Said, woman, take it slow, it'll work itself out fine.
Said, sugar, make it slow, and we come togeth - er fine.

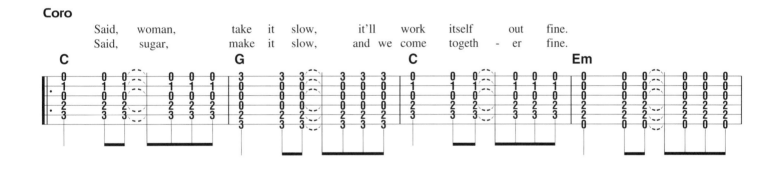

All we need is just a lit - tle pa - tience.
All we need is just a lit - tle pa - tience.

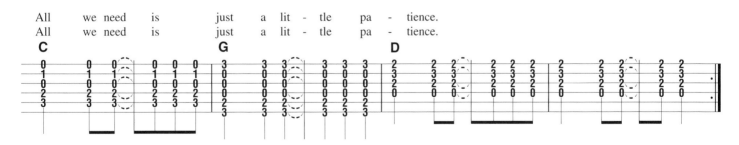

Letra y música de W. Axl Rose, Slash, Izzy Stradlin', Duff McKagan y Steven Adler
Copyright © 1988 Guns N' Roses Music (ASCAP) y Black Frog Music (ASCAP)
Todos los derechos de Black Frog Music en EE. UU. y Canadá controlados y administrados por Universal - PolyGram International Publishing, Inc.

GLISSANDOS, LIGADOS ASCENDENTES Y LIGADOS DESCENDENTES

A veces, no se trata tanto de qué canción se toca, sino de cómo se toca. En términos musicales, esto se denomina **articulación**. Los glissandos, los ligados ascendentes y los ligados descendentes pertenecen a una categoría especial de articulaciones llamada **legato**. Las técnicas de legato te permiten conectar dos o más notas consecutivas con el fin de crear un sonido suave y fluido.

Para realizar un **glissando**, toca la primera nota como lo harías normalmente. Luego, mantenla presionada mientras mueves el dedo de la mano del traste hacia arriba o abajo del mástil para que suene la segunda nota. (La segunda nota no se toca). En la tablatura, un glissando se indica con una diagonal corta y un **ligado arqueado**.

MY SHARONA

Utilice el primer dedo para realizar el glissando de este riff de The Knack.

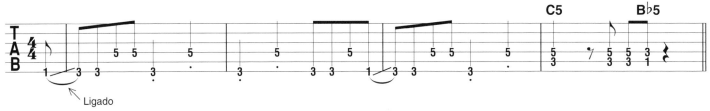

BOOM BOOM

Ahora, intente tocar este riff de blues de John Lee Hooker. El glissando se toca con el tercer dedo. Esto permite usar el segundo dedo para tocar las notas en el tercer traste y el primer dedo para tocar las notas en el segundo traste.

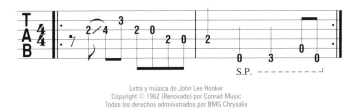

SWEET LEAF

Los glissandos también pueden conectar acordes. A continuación, se incluye un riff clásico de heavy metal de la banda Black Sabbath.

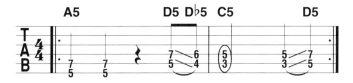

Para realizar un **ligado ascendente**, toca la primera nota y presiona o "pisa con fuerza" una nota más aguda en la misma cuerda. El golpe inicial debe arrastrar el tono en las dos notas.

LIFE IN THE FAST LANE

Esta es una introducción de guitarra famosa de la banda The Eagles. Usa el primer dedo para tocar las notas en el segundo traste.

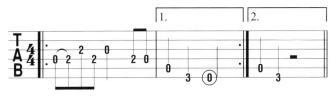

PAPERBACK WRITER

Para este riff de Los Beatles, coloca el primer dedo en las tres cuerdas inferiores en el tercer traste. Presiona mientras usas el tercer y cuarto dedo para tocar las notas en el quinto traste.

dejar sonar de principio a fin

Un **ligado descendente** es lo opuesto a un ligado ascendente. En primer lugar, comienza con los dos dedos sobre la guitarra. Toca la nota más aguda, luego arrastra o "desliza" ese dedo por la cuerda para que suene la nota más grave, que ya está pisada por el dedo menor.

BRING IT ON HOME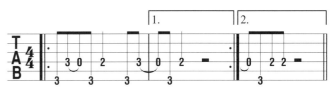

Este riff de Led Zeppelin contiene ligados descendentes en la 3.ª cuerda.

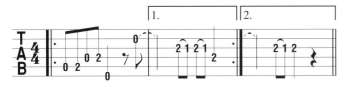

CULT OF PERSONALITY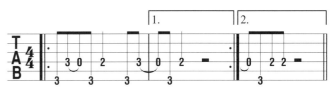

Las notas también se pueden deslizar hacia cuerdas abiertas, tal como lo demuestra este riff de Living Colour.

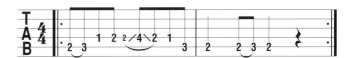

Los glissandos, los ligados ascendentes y los ligados descendentes se pueden utilizar en cualquier combinación. A continuación, se muestran algunos ejemplos.

THE MAN WHO SOLD THE WORLD

Nirvana realizó una versión famosa de esta canción de David Bowie en el disco MTV *Unplugged*. Con respecto a los ligados ascendentes y los ligados descendentes consecutivos en el segundo compás, solo se puntea la primera de las tres notas.

COME OUT AND PLAY

"Come Out and Play" de Offspring contiene varios ligados ascendentes y glissandos. La primera parte del glissando ocurre muy rápido y se denomina **glissando con apoyatura**.

BLUEGRASS RUN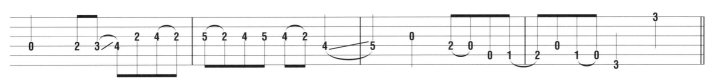

Las articulaciones de legato son comunes en todos los estilos de música de guitarra. A continuación, se muestra un divertido lick de bluegrass que emplea los tres tipos de ligados presentados hasta ahora.

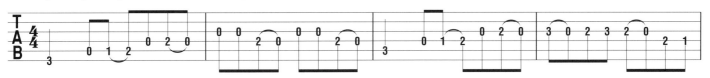

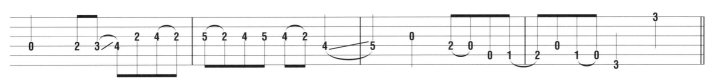

HEY JOE 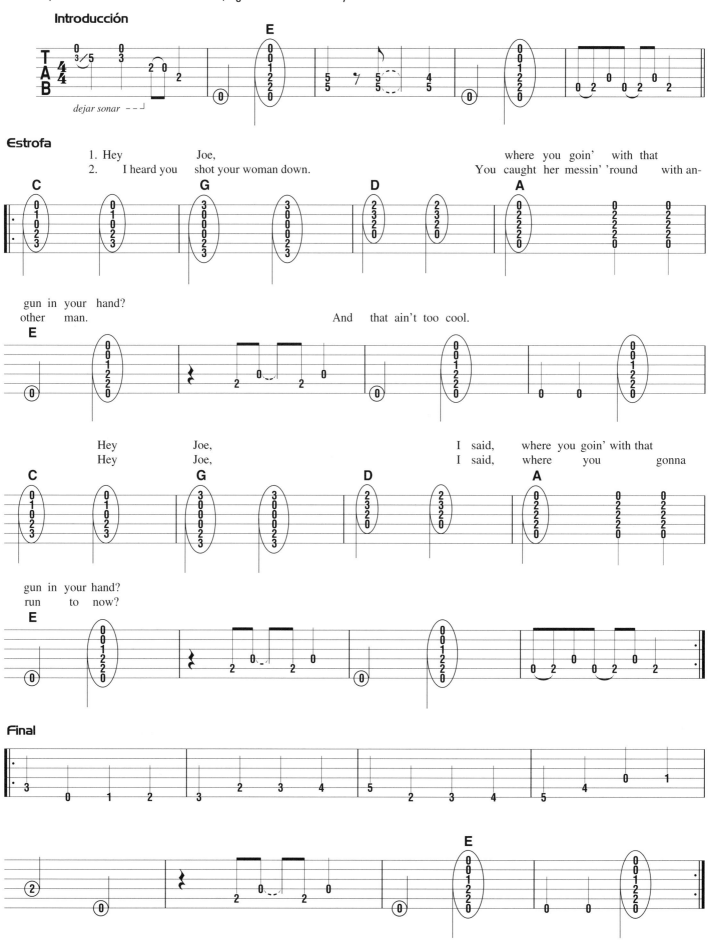 94))

¿Qué mejor manera de concluir este libro que tocar uno de los mayores éxitos de Jimi Hendrix? "Hey Joe" contiene varios acordes, notas solas en las seis cuerdas, ligados ascendentes y mucho más.

Letra y música de Billy Roberts
© 1962 (Renovado) por THIRD PALM MUSIC
Todos los derechos administrados por BMG CHRYSALIS